Tauchen für Anfänger

Von der Beschaffung der passenden Ausrüstung über das Absolvieren eines Tauchscheins bis zu den schönsten Tauchgebieten

Tobias Wellnitz

INHALT

Das erwartet Sie in diesem Buch

Wollten Sie schon immer wissen, wie es ist, unter Wasser zu atmen? Wie es sich anfühlt, mit den eigenen Händen den Sand des Meeresbodens zu berühren? Die vielen Fische, groß und klein, in verschiedenen Farben direkt vor Ihnen zu sehen? Wie faszinierend es ist, sie in Schwärmen schwimmen zu sehen und ihren präzisen Richtungswechsel so schnell und einfach zu beobachten? Dann haben Sie sich genau richtig entschieden, dieses Buch zu kaufen.

Beim Tauchen erleben Sie die Unterwasserwelt

ganz neu, aus einer einzigartigen Perspektive, die Sie fesseln wird. Heutzutage haben Sie genug verschiedene Möglichkeiten, in diese unbekannte Welt einzutauchen. Diese sollen Ihnen in diesem Buch erläutert werden. Sie erfahren alles, was zum Thema Tauchen wichtig ist. Nur, wer sich auskennt und das nötige Wissen hat, kann umsichtig mit sich und der Tierwelt unter Wasser umgehen.

Der Schnuppertauchgang

Zuallererst ist es wichtig, für Sie herauszufinden, den, ob Ihnen das Atmen unter Wasser liegt. Dafür gibt es den gewissen Schnuppertauchgang. Dieser findet in flachem Gewässer oder im Schwimmbad statt, je nachdem, welche Angebote in Ihrer Umgebung zu finden sind. In diesem Einführungskurs werden Sie mit der Tauchausrüstung, den Regeln sowie mit den Tauchzeichen vertraut gemacht. Anschließend können Sie im, meist einstündigen, Tauchgang die neue Welt in Augenschein nehmen. Wichtig vorab ist es, sich von einem Arzt durchchecken zu lassen. Die sogenannte Tauglichkeitsuntersuchung soll gesundheitliche Probleme und Unfälle verhindern. Sie wird bei vielen Tauchschulen benötigt, um tauchen gehen zu können. Üblicherweise klärt der Arzt im Gespräch folgende Punkte

- hat der Patient die körperliche Fähigkeit, längere Strecken zu schwimmen?
- hat er die mentale Reife, Eigenverantwortung zu tragen?
- ist die klare Kommunikation mit Mitmenschen möglich?
- sind körperliche Ursachen vorhanden, die das Barotrauma begünstigen können?
- sind Ängste vorhanden, die plötzliche Panik auslösen können?
- werden Medikamente oder Suchtmittel eingenommen, die das Tauchen in irgendeiner Art und Weise beeinträchtigen können?
- ist Ihre Gesundheit durch bestehende Krankheiten beeinträchtigt, die dann eventuell durch das Tauchen schlimmere Ausmaße annehmen können?

- sind Gründe für eine plötzliche Bewusstseins-
  störung vorhanden?

Wenn im Gespräch nichts vorliegt, kann der Arzt mit
der körperlichen Untersuchung beginnen. Nun wird
die Leistungsfähigkeit bei einem Ruhe- und Belas-
tungs-EKG getestet. Die Ohren und Nebenhöhlen
werden kontrolliert. Es werden Herzuntersuchun-
gen gemacht wie Blutdruck messen und Pulskon-
trolle und die Lunge wird auf ihre Funktion untersucht. Je nachdem können weitere, spezielle Unter-
suchungen notwendig sein.

WELCHE AUSRÜSTUNG BENÖTIGEN WIR?

Die ABC-Ausrüstung eines Tauchers sind eine
Maske, ein Schnorchel und Tauchflossen. Die Maske
besteht aus weichem Gummi oder Silikon mit einer
Sichtscheibe und Dichtlippen zum Gesicht, die das
Eindringen von Wasser verhindern. Sie wird mit
dem dicken, verstellbaren Gummiband am Hinter-
kopf angelegt. Der Schnorchel besteht ebenfalls am
Mundstück aus Gummi oder Silikon und dem Atem

Rohr, was ermöglicht, den Kopf unter Wasser zu halten und zu atmen. Die Tauchflossen ermöglichen eine schnellere Fortbewegung im Wasser.

Um im Wasser nicht auszukühlen, benötigen Sie einen Neoprenanzug. Diesen gibt es in drei verschiedenen Varianten.

- Der Nassanzug hat eine Dicke von 2,5 bis hin zu 8 mm. Der enge Schnitt sorgt dafür, dass er eng an der Haut anliegt. Dieser Anzug ist für kalte Gewässer ungeeignet, da durch den Reißverschluss, dem Halsausschnitt und den Arm- und Fußbünden Wasser eindringt und in alle Zwischenräume läuft, die zwischen Körper und Anzug bestehen. Dies führt dazu, dass durch die Bewegung die Wärme des Körpers ausgetauscht wird und dem Träger schneller kühl werden kann. Diesen Anzug gibt es in langer und in kurzer Form, Letzteres wird Shorty genannt. Shortys werden oft zum Surfen, Wasserski fahren, als Schwimmanzug oder zum Tauchen unter den Langanzug benutzt. Er hat die geringsten Anschaffungskosten und ist vielseitig einsetzbar.

- Der Halbtrockenanzug hat eine Stärke von 5 bis 8 mm. Der Unterschied zum Nassanzug ist, dass er einfache oder doppelte Dichtmanschetten aus Neopren an Hals, Ärmel und Füßen besitzt sowie einen Wasserreißverschluss. Dies verringert das Eindringen von Wasser enorm. Durch die verbesserte Wärmedämmung bei diesem Anzug verringert sich der Wärmeaustausch deutlich. Daher ist der Halbtrockenanzug besser zum Kaltwassertauchen geeignet. Die Anschaffungskosten liegen hier deutlich höher als beim Nassanzug.

- Der Trockenanzug ist aus wasserdichtem Material gefertigt. Der Vorteil durch den wasserdichten Reißverschluss und den Manschetten an Hand- sowie Fußgelenken ist, dass Sie als Taucher nur minimal bis gar nicht nass werden können. Meistens wird durch Luft die Wärmeisolation im Trockenanzug hergestellt. Dies passiert, indem man die Lücken zwischen Anzug und Träger mit Luft füllt. Unter diesem Anzug wird eine textile Kälteschutzbekleidung getragen. Er wird oft in kalten Gewässern benutzt und auch zum Schnorcheln, beim Segeln, Surfen und

Rafting. Dieser Tauchanzug ist der teuerste.

Natürlich bekommen Sie einen passenden Tauchanzug beim Schnuppertauchgang von dem jeweiligen Veranstalter gestellt. Wenn Sie noch ganz am Anfang stehen, ist es unnötig, sich die Ausrüstung zu kaufen. Sie sollten erst einmal herausfinden, ob Ihnen diese Freizeitbeschäftigung auf Dauer gefällt.

Für Ihren Tauchgang fehlt noch die Tarierweste, an der die Sauerstoffflasche befestigt ist. In diese Weste können Sie Luft einblasen oder ablassen, um den Auftrieb in unterschiedlichen Tiefen zu regulieren und sich optimal austarieren zu können. Sie hilft Ihnen auch beim Einstieg in das Wasser, indem sie auf das Maximum aufgeblasen wird. Sobald Sie auf Brusthöhe im Wasser stehen, legen Sie sich entspannt zurück, treiben auf dem Wasser und können bequem Ihre Schwimmflossen anziehen. Zum Abtauchen wird die Luft wieder abgelassen, so sinken Sie langsam und kontrolliert in die Tiefe.

Der Lungenautomat, durch den Sie atmen, wird an der Sauerstoffflasche befestigt. Zusätzlich gibt es den Oktopus, gemeint ist hier der zweite Lungenautomat. Er wird bei jedem Tauchgang als

Notfallersatz für den Taucher oder seinen Partner mitgeführt.

Zu jedem Taucher gehört auch eine gewisse Anzahl an Gewichten in Form von Blei. Diese werden üblicherweise als Gürtel um den Bauch getragen. Nach mehreren Tauchgängen werden Sie wissen, welche Menge an Kilogramm Sie benötigen, damit Sie im Wasser austariert sind. Ziel ist es, dass Sie im Wasser schweben.

Um Tauchkrankheiten durch den steigenden Druck in die Tiefe zu vermeiden, gibt es einen Tauchcomputer. Dieser misst beim Tauchgang die Tauchtiefe und Tauchzeit, um die Dekompressionspflicht zu ermitteln. Der Tauchcomputer berechnet also die einzuhaltende Dekompressionszeit beim Auftauchen, um Dekompressionskrankheiten zu vermeiden. Dies erfolgt durch die Berechnung der maximalen Tauchtiefe, der Tauchzeit und der Restsättigung mit Stickstoff im Körpergewebe der eventuell vorheriger Tauchgänge. Hier sehen Sie die üblichen Funktionen eines Tauchcomputers: Durchschnittliche und aktuelle Tauchtiefe, Kompass, Wassertemperatur, Beleuchtung, Tauchzeit, verbleibende Nullzeit, Anzeige und Warnung von Sicherheits-, Tiefen- und

Dekompressionsstopps, Warnung vor zu schnellem Aufstieg, Berücksichtigung der Restsättigung bei einem Wiederholungstauchgang, Wecker- und Logbuchfunktion und eine PC-Schnittstelle.

Weiteres Tauchzubehör wie Rucksäcke oder Taschen, Messer, Tauchlampe, Handschuhe etc. kann bei Bedarf dazugekauft werden.

WAS SOLLTE JEDER TAUCHER BEACHTEN?

Wer verantwortungsvoll handeln und sich keiner Gefahr aussetzen will, der sollte auf einige Regeln achten.

1. Tauchen Sie nur, wenn Sie gesund sind und sich fit fühlen. Mit verstopften Nasennebenhöhlen können Sie keinen vernünftigen Druckausgleich durchführen, dies hat zur Folge, dass beim Tauchgang Schmerzen oder ein Barotrauma entstehen kann. Das Barotrauma ist eine Verletzung des Trommelfells durch den Überdruck.

2. Gehen Sie auch nie nach einer durchgemachten Nacht mit Alkohol oder Drogenkonsum tauchen. Die Gefahr, sich und sein Können falsch einzuschätzen, ist sehr groß.

3. Vor dem Tauchgang sollten Sie kein Sport machen, damit Sie sich nicht ausgelaugt fühlen. Genauso sollten Sie unter Wasser ruhig schwimmen und sich nicht anstrengen. Beides könnte sich auf die Atmung unter Wasser auswirken, dadurch wird mehr Luft verbraucht und der Tauchgang muss eher beendet werden.

4. Auch sollten Sie vor dem Tauchgang genug getrunken haben, damit nicht die Gefahr der Austrocknung besteht. Eine Dekompressionskrankheit wird dadurch verringert. Dies ist sehr wichtig in heißen Tauchgebieten.

5. Tauchen Sie niemals alleine. Es gehört schon vor dem Tauchgang dazu, dass Sie und Ihr Partner gegenseitig die Ausrüstung überprüfen. In einem Notfall sollten Sie sich immer auf Ihren Buddy verlassen können. Egal ob es ein gesundheitliches Problem ist, Luftmangel oder sonstige Schwierigkeiten auftreten.

6. Wie bei der Ausrüstung schon erklärt, sollten Sie stets mit zweitem Atemregler, dem Oktopus, tauchen. Wenn Ihr Atemregler in irgendeiner Form Schwierigkeiten macht, kann der Oktopus Leben retten.

7. Beim Abtauchen ist es wichtig, darauf zu achten, dass der Druckausgleich regelmäßig gemacht wird. Wer auf Nummer sicher gehen will, macht jeden sinkenden Meter einen Druckausgleich, um zu verhindern, dass sich zu viel Druck auf dem Trommelfell aufbaut.

8. Wichtig ist auch, dass Sie die Tauchzeichen kennen, denn unter Wasser gibt es keine andere Verständigungsmöglichkeit.

9. Verantwortungsvolles Tauchen bedeutet, dass Sie die Fische und ihre Umgebung nicht beeinflussen, indem Sie sie anfassen oder verunreinigen.

10. Um eine ausreichende Sauerstoffsättigung zu erhalten, sollten Sie mindestens einmal in der Woche nicht tauchen gehen, damit das Risiko einer Dekompressionskrankheit verringert wird.

WIE GEHEN WIR MIT DER UNTERWASSERWELT UM?

Was niemals vergessen werden darf, ist, dass es immer Folgen hat, wenn Menschen ein Ökosystem betreten. Erst recht, wenn Urlauber die Erhaltung der Unterwasserwelt nicht so ernst nehmen oder vergessen. Das Meer darf nicht mit einem Souvenirladen verwechselt werden, Unterwasser-Mitbringsel wie Schnecken, Muscheln und Co. sollten an Ort und Stelle bleiben. Es hinterlässt Spuren, wenn Ankerketten von zum Beispiel Tauchbooten immer wieder über Korallen schruppen oder aus undichten Tanks von Schiffen Flüssigkeit ausläuft. Auch das Anlocken mit Brot hat seine Tücken, denn Fische sind normalerweise Algenfresser. Leider ist es auch so, dass mit den Touristen der Müll kommt. Plastiktüten und Co. landen einfach im Meer, Tiere verschlucken oder verheddern sich da drin und können qualvoll verenden. Korallen können vom Plastikmüll abgedeckt werden und ersticken. In einigen Ländern gibt es in den Hotelanlagen keine Filteranlagen, das Abwasser fließt einfach zurück in das Meer. Auch wenn die Salzlauge aus Meerwasser-Entsalzungsanlagen zurück in das Meer fließt, kämpfen die Riffe um das

Überleben.

Um die Tiere, Pflanzen und geologischen Formationen zu schützen, sollten sie gut behandelt werden. Das bedeutet: Nichts anfassen, nichts mitnehmen und nichts kaputt machen.

Wie plane ich einen Tauchgang?

E s gibt Grundregeln, die bei jedem Tauchgang und jeder Tauchgangs Planung beachtet werden sollten. Wichtig ist immer, dass Sie die Gesundheit und das Wohlbefinden an die erste Stelle stellen. Wenn Sie sich unwohl, gestresst oder krank fühlen, gehen Sie nicht unter Wasser. Die Tauchgänge sollten vorausgeplant werden und nur mit vollständiger, intakter Ausrüstung durchgeführt werden. Das Wetter und die Strömungen im Tauch-gebiet sollten berücksichtigt werden. Im Wasser ist es wichtig, dass Sie sich nicht zu sehr anstrengen und eine Unterkühlung vermeiden. Die tiefste Tiefe sollte zu Beginn des Tauchganges gewählt werden. Die Aufstiegsgeschwindigkeit einhalten, also ruhig und kontrolliert bis zum Dekompressionsstopp aufsteigen. Nach dem Tauchgang sollten Sie zwei bis drei Stunden nicht tauchen und auch kein Schnorchel Tauchen, Apnoetauchen genannt, durchführen. Zudem sollten Sie die Wiederholungs-Tauchgänge kürzer und flacher planen als den vorherigen.

Die Elemente der Tauchgangs Planung befassen sich mit dem Tauchgebiet, der Risikoanalyse, der Notfallorganisation, der Ausrüstung, dem Tauchpartner und dem Briefing.

- In dem geplanten Tauchgebiet muss vorab geklärt werden, ob eine Tauchgenehmigung nötig ist, ein Tauchverbot besteht, eine besondere Ausrüstung benötigt wird oder eine Besonderheit des Tauchspots besteht. Demnach gilt es herauszufinden, welche maximale Tiefe erreicht werden kann, welche Gezeiten und Strömungen dort herrschen und ob Sie auf Gefahrenpunkte achten müssen. Wichtig zu wissen, ist es auch, wo und wie Sie das Gebiet anfahren können, ob Sie sich vorher umziehen oder erst vor Ort, wo es ein Telefon gibt und eventuell etwas zu Essen und Trinken.

- In der Risikoanalyse werden die Faktoren des Tauchgebiets wie Strömung und Kälte besprochen sowie die Erfahrungen und Qualifikationen der Tauchgruppe und allgemeine Faktoren wie den Temperaturverlust.

- Die Notfallorganisation sieht vor, dass Sie Ihr Tauchvorhaben zu Hause mitteilen, genauso wie den Ort des Tauchgangs und die Anfahrtswege bzw. Rettungspunkte. Die Telefonnummer der Tauchbasis sollte Ihren Angehörigen vorliegen, genauso wie die Nummer Ihrer Angehörigen der Tauchschule vorliegen sollte. Sie sollten die Notsignale und Rettungsmittel beherrschen.

- Sie sollten nur mit der kompletten Ausrüstung tauchen und vor jedem Tauchgang die Funktionsfähigkeit und Sicherungsmittel wie Leine, Lampen und Bojen überprüfen. Führen Sie keine Extremtauchgänge mit unbekannter Ausrüstung durch und tauchen Sie nie allein.

- Der Tauchpartner ist wichtiger Bestandteil jeden Tauchganges und sollte genauso wie Sie eine körperliche und geistige Fitness aufweisen sowie Erfahrungen besitzen. Er benötigt außerdem ein Brevet.
- Das Briefing beinhaltet die allgemeinen Verhaltensregeln, die Tauchzeichen, die Beschreibung des Gewässers, die Beschreibung der Sicherheitseinrichtung und die Beschreibung des Tauchgangs.

Die vier wichtigsten Punkte vor jedem direkten Tauchgang sind das Kontrollieren der eigenen Ausrüstung, der Partner-Check, die Orientierung an der Himmelsrichtung, dem Sonnenstand etc. und dem Bereitmachen vor dem Abtauchen.

WIE LÄUFT EIN TAUCHGANG AB?

Um sich im Vorfeld mit dem Thema Tauchen zu beschäftigen, ist es eine gute Vorbereitung, zu wissen, wie ein Tauchgang abläuft. Als Mindestanforderung an einen Tauchgang wird mit mindestens 20 Minuten unter Wasser und einer Tauchtiefe von mindestens fünf Metern vordefiniert. Als zweite Möglichkeit wird unter der Wasseroberfläche mindestens 140 Normal-Liter Atemgas geatmet. Das Wichtigste bei einem Tauchgang ist die Vorbereitung auf das Tauchgebiet, also werden Informationen über den Tauchplatz gesammelt und besprochen. Wichtig hierbei sind die Gefahren unter Wasser zu analysieren, die Sichtweite und Strömung, das Wetter und die Temperatur, der An- und Abreiseweg, muss ein Tauchboot verwendet werden, der Ein- und Ausstieg in das Wasser sowie die maximale Tauchtiefe zu besprechen. Dann ist es vonnöten zu wissen, ob für diesen Tauchplatz Bewilligungen beantragt werden müssen, wo die nächste Füllstation ist, vorhandene Rettungsdienste und wo sich die nächste Dekompressionskammer befindet, für eventuelle Tauchunfälle. Die Teilnehmerzahl des Tauchgangs muss vermerkt werden und Buddys ausgesucht werden.

Nun kann der Tauchgang geplant werden, indem besprochen wird, welche Ausrüstung benötigt wird und wie er ablaufen soll. Wichtig ist die Organisation von Sicherheitsmaßnahmen, zum Beispiel vorhandene Sauerstoffkoffer auf dem Boot und ob

Reserveluftvorräte vorhanden sind. Es muss geklärt werden, ob ein Sicherheitstaucher bestimmt wird und ob es Orientierungshilfen, wie zum Beispiel Leinen, im Wasser gibt. Außerdem sollte ein Plan für Notfallszenarien ausgearbeitet werden, damit jeder in diesem Fall weiß, was zu tun ist. Je nachdem wie tief getaucht wird, müssen die Dekompressionsstufen und Sicherheitsstopps besprochen werden, hier können Sie sich an der Tauchtabelle orientieren. Der benötigte Atemgasbedarf sollte ermittelt werden, damit man die Länge des Tauchgangs bestimmen kann.

Eine kurze Besprechung, auch Briefing genannt, wird mit allen Beteiligten durchgeführt. Die benötigte Ausrüstung muss zusammengesucht und auf Vollständigkeit und Zustand überprüft werden sowie zusammengebaut werden, bevor es zum Tauchplatz geht.

Am Tauchplatz angekommen, wird das Gewässer besichtigt und besprochen, welche Ein- und Ausstiegsstellen genutzt werden. Nun kann die Ausrüstung angezogen werden. In der Regel haben Sie die Maske ggf. mit Schnorchel schon um den Hals gehängt, daher beginnen Sie nun damit, den Bleigurt umzulegen. Es folgt die Weste mit der befestigten Sauerstoffflasche mit dem Lungenautomat und Oktopus dran. Anschließend erfolgt der Buddy-Check. Sie und Ihr Tauchpartner überprüfen Ihre Ausrüstung gegenseitig. Die Sauerstoffflasche muss geöffnet werden und anhand der Druckanzeige auf dem Druckregler überprüft werden. Zuletzt werden die Flossen angezogen. Wenn Sie vom Boot aus abtauchen, können Sie jetzt Ihre Maske aufsetzen und den Lungenautomat in den Mund nehmen. Die Tarierweste wird aufgeblasen. Eine Hand wird über Maske und Lungenautomat gelegt, um beim Rückwärtsfall von dem Boot nichts zu verlieren. Wenn Sie vom Boot in das Wasser steigen, wird die Tarierweste vorher aufgeblasen. Im Wasser werden dann die Flossen angezogen, genauso wie die Maske.

Hinweis: Um eine beschlagene Maske im Wasser zu verhindern, wird vor der Benutzung hineingespuckt, mit dem Finger auf die gesamte Oberfläche verteilt und im Wasser ausgewaschen, bevor sie aufgesetzt wird.

Wenn alle Beteiligten fertig im Wasser sind, gibt der Tauchguide das Zeichen zum Abtauchen. Jetzt können Sie langsam die Luft aus dem Jacket lassen, das Blei um Ihre Hüfte wird für diesen Vorgang sehr hilfreich sein, damit das Absinken besser gelingt. Beim Abtauchen ist es nun wichtig, den Druckausgleich der Atemwege herzustellen, wiederholen Sie den Vorgang circa jeden Meter auf dem Weg nach unten, dann kann sich kein Druck aufbauen. Auf der gewünschten Tauchtiefe können Sie nun mit Ihrer Tarierweste eine neutrale Tarierung herstellen. Hier besteht ein schmaler Grat zwischen dem Auf- und Abtrieb. Finden Sie heraus, wie viel Luft Sie in das Jacket lassen, damit Sie auf der gewollten Tauchtiefe bleiben. Es fühlt sich in etwa so an, als würden Sie schweben.

Nun kann der Tauchgang beginnen und Sie können die faszinierende Unterwasserwelt beobachten. Wichtig ist, dass Sie regelmäßig anhand Ihrer Hilfsmittel wie der Uhr, der Baranzeige oder des Tauchcomputers kontrollieren, dass Sie keine Grenzwerte überschreiten. Die Limits wurden bei der Vorbereitung durchgegangen und besprochen. Je nachdem wie unruhig oder ruhig Sie im Wasser sind, ist der Luftverbrauch. Allgemein haben unruhige, sich viel bewegende Personen einen schnelleren Verbrauch als ruhig schwimmende Personen.

Wenn der Tauchgang beendet ist, gibt der Tauchguide das entsprechende Handzeichen zum Auftauchen. Dabei sollte auf einen kontinuierlichen, langsamen Aufstieg geachtet werden, der zehn Meter in der Minute nicht überschreiten sollte, damit kein Barotrauma oder keine Dekompressionskrankheit auftreten kann. Als Aufstiegshilfe gibt die Ankerleine, an der das Boot befestigt ist, wieder ein schönes Hilfsmittel ab. Der Sicherheitsstopp oder auch Dekompressionsstopp wird meistens auf einer Wassertiefe von fünf Metern ausgeführt. Die Gruppe verweilt drei Minuten in dieser Wassertiefe, bevor bis an die Wasseroberfläche getaucht werden kann.

Wenn eine Notsituation vorliegt und ein Notaufstieg unumgänglich ist, können Sie den Dekompressionsstopp missachten. Je nach vorheriger Tauchtiefe kann das Risiken mit sich führen. Üblicherweise ist das ab einer Tauchtiefe von über 30 Metern erst der Fall. Trotzdem sollten Sie auch in niedrigen Tiefen den Stopp durchführen.

Sobald alle Beteiligten auf dem Boot angekommen sind, wird die Vollzähligkeit überprüft und die Ausrüstung nach Schäden untersucht, bevor es wieder zurück zur Tauchbasis geht. Dort wird das

Equipment ordentlich in neutralem Wasser gewaschen und zum Trocknen aufgehängt.

Falls innerhalb der nächsten 72 Stunden nach einem Tauchgang irgendwelche Symptome auftreten, die auf ein Barotrauma oder eine Dekompressionskrankheit hinweisen, sollten Sie umgehend einen Arzt aufsuchen.

WAS IST EINE NULLZEIT?

Ein Taucher kann in einer bestimmten Wassertiefe eine Grundzeit verbringen, ohne einen nötigen Dekompressionsstopp beim Aufstieg durchführen zu müssen, dies ist die sogenannte Nullzeit. Sie können die vorgegebene Nullzeit in der Dekompressionstabelle nachvollziehen. Wie oben schon erwähnt, empfehlen alle Tauchorganisationen, den Stopp bei jedem Tauchgang durchzuführen.

Wichtig zu wissen, ist auch, dass die Nullzeit kürzer wird, je tiefer Sie tauchen. Diese Zeit wird beim Briefing besprochen, damit Sie ermitteln können, wann Sie die Nullzeit in welcher Tiefe erreichen. Wenn Sie sich nach Erreichen dieser Zeit noch immer in derselben Tauchtiefe aufhalten, müssen Sie die Dekompressionszeit ab diesem Zeitpunkt berechnen. Jetzt müssen Sie kontrollieren und errechnen, wie lange der Dekompressionsstopp beim Auftauchen sein muss.

WAS SOLLTEN SIE ÜBER DEN DRUCKAUSGLEICH WISSEN?

Wie oben schon erwähnt, ist es sehr wichtig, beim Abtauchen einen Druckausgleich zu machen, da der Druck im Mittelohr steigt. Die veränderten Druckverhältnisse müssen sich in den luftgefüllten Körperhöhlen wie dem Mittelohr, den Nasenneben- und Stirnhöhlen sowie den Lungen durch den Druckausgleich über die Ohrtrompete anpassen. Wenn dies nicht geschehen kann, wölbt sich das Trommelfell einwärts. Gefährlich wird es dann, wenn es dabei einreißt oder einblutet.

Genauso kann sich beim Auftauchen die Luft durch die Druckminderung ausdehnen. Wichtig ist hier, dass der Druck aus der Lunge entweichen kann und das würde nicht passieren, wenn man zum Beispiel die Luft beim Auftauchen anhalten würde. Dies kann einen Einriss in der Lunge mit nachfolgender

Luftembolie nach sich ziehen und das ist sehr gefährlich. Wichtig zu beachten, ist dabei auch, mit welcher Geschwindigkeit auf- oder abgetaucht wird.

Wenn Sie einige Faktoren beachten, dürften Sie keine Probleme mit dem Druckausgleich bekommen. Erst einmal müssen Sie herausfinden, welcher Druckausgleich bei Ihnen am besten funktioniert. Das gängigste Verfahren ist, mit Daumen und Zeigefinger die Nase zuzuhalten und dann kräftig in die Nase zu pusten, so als ob man ausschnauben möchte. Sie sollten ein „blob" im Ohr spüren. Einige schaffen ihn gut, indem sie den Unterkiefer hin und her bewegen, um die Muskeln zu lockern, andere können es, indem sie schlucken. Wichtig ist bei allen Verfahren, dass der erste Druckausgleich zügig erfolgt, am besten, sobald der Kopf die Wasseroberfläche verlassen hat. Machen Sie ihn auf den ersten zehn Metern ruhig häufiger, zu oft gibt es nicht, denn der Druck verdoppelt sich. Dies bedeutet von 1 bar an der Wasseroberfläche auf 2 bar in zehn Metern Wassertiefe.

Wenn es trotzdem dazu kommen sollte, dass Sie Probleme mit dem Druck bekommen, hilft es immer, die Tiefe zu verringern, indem Sie ein Stück auftauchen. Hier gilt aber, langsam und kontrolliert aufzusteigen, gerne auch mit Hilfe des Tauchcomputers. Versuchen Sie den nächsten Druckausgleich vorsichtig, sodass der Druck im Ohr ausgeglichen werden kann und tätigen Sie ihn öfter beim erneuten langsamen Abtauchen.

Funktioniert es mit dem Druckausgleich absolut nicht, egal was Sie versuchen, sollten Sie eventuell den Tauchgang abbrechen. Falls es möglich ist, den Sichtkontakt zu Ihrer Gruppe zu halten und Sie nicht abbrechen wollen, wäre es auch möglich, einige Meter über den anderen mit zu tauchen. Dies sollten Sie aber nur tun, wenn Sie die Gruppe wirklich gut im Blick haben und Sie Ihrem Buddy signalisieren können, dass Sie Probleme mit den Ohren haben. Es gilt aber immer, bei anhaltenden Schmerzen den Tauchgang abzubrechen.

WAS IST EIN BAROTRAUMA?

Ein Barotrauma ist eine Störung der Gesundheit, man kann sie auch als Druckverletzung bezeichnen. Sie entsteht durch einen veränderten Umgebungsdruck. In den meisten Fällen treten diese Traumata beim Tauchen und beim Fliegen auf und äußern sich mit Schäden an luftgefüllten Hohlorganen, das Mittelohr ist am häufigsten betroffen.

Gefäße und Organe, die mit Luft gefüllt sind, unterliegen einem gewissen Druck-Volumen-Verhältnis, weil Luft im Grunde ein Gasgemisch ist, dessen Volumen nach physikalischen Gesetzen überwiegend vom Umgebungsdruck beeinflusst wird. Bei steigendem Umgebungsdruck, auch Überdruck genannt, verringert sich das Organvolumen gleichlaufend zum Druckanstieg. Bei sinkendem Umgebungsdruck, auch Unterdruck genannt, nimmt das Organvolumen gleichlaufend zum Umgebungsdruck zu.

Normalerweise ist die Druckveränderung kein Problem. Wenn sie langsam erfolgt, haben die Hohlorgane genügend Zeit, sich an die neuen Druckverhältnisse zu gewöhnen. Wenn man jedoch zu schnell abtaucht und der Druckausgleich nicht ausreichend oft durchführt wird, kann es zum Barotrauma kommen.

Je nachdem welche Hohlorgane bei einem Barotrauma betroffen sind, kann es verschiedene Krankheitserscheinungen geben:

- Wenn das Mittelohr oder das Innenohr betroffen sind, kann es zu Ohr- und Kopfschmerzen, Schwerhörigkeit, vollständigem Hörverlust, Tinnitus, Trommelfellverletzungen, Nasenbluten, Schwindel, Übelkeit und Erbrechen kommen.
- Bei Verletzungen der Lunge kann es zu Atemnot, erschwerter Atmung, Herzinfarkt, Embolien, Schlaganfall, Zyanose, Lungenrissen oder zum Spannungspneumothorax kommen.
- Im Verdauungstrakt kann es zu Verdauungs- und Bauchschmerzen, Übelkeit und Erbbrechen, Durchfall, Verstopfung oder Magen-Darmblutungen kommen.
- Sehprobleme, Augenstechen, Einblutungen ins Auge durch geplatzte Gefäße weisen auf eine Verletzung im Auge hin.
- Bei Spannungsgefühlen auf der Haut, Schwellungen und Blasenbildung im Gewebe der Unterhaut ist von einem Barotrauma der Haut zu sprechen.
- Wenn die Zähne betroffen sind, kann man mit Zahn-, Kiefer- und Kopfschmerzen sowie Druckempfindlichkeit oder Wegbrechen von

Füllungen rechnen.

- Es kann sogar so weit gehen, dass man Empfindungsstörungen, starke Blutungen, Lähmungen, Kreislaufkollapse oder Bewusstlosigkeit sowie Muskel- und Gelenkschmerzen hat. Hier spricht man von sehr schweren Barotaumata.

Für die Behandlung eines Barotraumas gibt es verschiedene Möglichkeiten. Als Sofortmaßnahme bei Lungentraumata empfiehlt es sich, dem Betroffenen schnellstmöglich reinen Sauerstoff atmen zu lassen. Natürlich wird Tauchverbot verordnet, es kann auch eine medikamentöse Behandlung erfolgen oder in schweren Fällen ein operativer Eingriff im Schädel- oder Thoraxbereich.

WAS IST EINE DEKOMPRESSIONSKRANKHEIT?

Die Dekompressionskrankheit bezeichnet das Davontragen einer Verletzung durch einen Tauchgang durch zu schnelle Druckentlastung nach Einwirkung von Überdruck. Die Bildung von Gasblasen im Körperinneren ist die Ursache aller Dekompressionsunfälle, doch was passiert genau?

Es ist unerheblich, wie tief Sie getaucht sind und wie lange der Tauchgang war, beim Tauchen mit Sauerstoff wird Stickstoff aus der Atemluft gelöst und lagert sich im Körpergewebe ein. Der erhöhte Umgebungsdruck löst mehr Gase heraus. Dieses lagert sich dann in Blut und Gewebe ab. Dieser eingelagerte Stickstoff wird vom Gewebe wieder in das Blut abgegeben, sobald Sie wieder nach oben tauchen und sich der Umgebungsdruck verändert. Bei einem normalen Tauchgang ohne Probleme bemerken Sie nichts von diesem Vorgang, da überschüssiges Gas wieder mit ausgeatmet wird.

Sollten Sie zu schnell nach oben tauchen oder den Dekompressionsstopp nicht richtig durchführen, kann das eingelagerte Stickstoff nichts anderes tun, als zu schnell in das Blutsystem zu gelangen. Die Gasblasen können Gefäße verstopfen und zu einer Lungenembolie führen.

Es gibt bei jedem Tauchgang drei Phasen der Druckveränderung. Beim Abtauchen ist es der zunehmende Druck auf den Körper, dies wird auch Kompressionsphase genannt. Dann kommt während des Tauchganges der gleichbleibende Druck, auch

Isopressionsphase genannt, und der abnehmende Druck beim Auftauchen. Letzteres ist die Dekompressionsphase, in der der Taucher zur Wasseroberfläche aufsteigt.

Die Barotraumata treten vor allem in der Kompressionsphase auf, während in der Dekompressionsphase Barotraumata sowie auch die Dekompressionserkrankung auftreten können.

Sowohl bei einem Barotrauma wie auch bei einer Dekompressionserkrankung sollten lebensrettende Sofortmaßnahmen und erste Hilfe eingeleitet werden.

- Sofort einen Rettungsdienst bzw. Notarzt alarmieren und den Hinweis geben, dass ein Tauchunfall stattgefunden hat. Eventuell kann der Transport oder die Weiterbehandlung besser organisiert werden.

- Bei Verdacht auf eine Dekompressionserkrankung ist das Wichtigste, sofort reinen Sauerstoff einzuatmen. Die Gasrückbildung wird hierdurch beschleunigt. Selbst wenn die Symptome verschwinden sollten, ist es wichtig, weiterhin einzuatmen, bis es zu einer tauchärztlichen Beratung kommt. Dies kann unterdessen auch telefonisch erfolgen.

- Es muss sichergestellt werden, dass der Betroffene nicht auskühlt oder überhitzt. Eventuell eine Rettungsdecke benutzen.

- Wenn der Betroffene ansprechbar ist, sollte er auf dem Rücken liegen. Er sollte viel Flüssigkeit ohne Kohlensäure trinken.

- Wenn ein Atemstillstand und/oder ein Kreislaufstillstand vorliegt, muss umgehend mit der Herz-Lungen-Wiederbelebung begonnen werden.

- Der Tauchcomputer des Betroffenen sowie seine Tauchausrüstung sollten sichergestellt werden.

- Höchstwahrscheinlich wird eine Druckkammerbehandlung mit hyperbarem Sauerstoff angeordnet.

WAS PASSIERT IN DER DRUCKKAMMER?

Die Druckkammer ist mit medizinischen Geräten zur Behandlung und Überwachung ausgestattet und ähnelt dem Raum einer Flugzeugkabine. Um den Kontakt zum Patienten zu halten, ist der Raum mit Mikrofonen und Kamera ausgestattet. Es gibt festgelegte Protokolle für die Behandlung in der Druckkammer. Der Patient atmet reinen Sauerstoff in einem simulierten, erhöhten Umgebungsdruck ein. Dadurch sollen die gebildeten Gasblasen wieder abgelöst und zum Gewebe zurückgeführt werden. Der Vorgang kann solange wiederholt werden, bis alle Symptome verschwunden sind oder keine Veränderung mehr zu bemerken ist.

WAS IST DER DEKOMPRESSIONSSTOPP?

In der Dekompressionsphase, also beim Auftauchen, ist es vorgeschrieben, einen Dekompressionsstopp zu machen. Damit ist das gezielte Verweilen in einer bestimmten Wassertiefe gemeint. Bei einfachen Tauchgängen wird nur in der Nullzeit getaucht, das

bedeutet, dass üblicherweise ein Dekompressionsstopp in fünf Meter Tiefe für drei Minuten gehalten
wird. Dies dient dazu, die im Gewebe gelösten Gase
kontrolliert wieder in das Blut abzugeben, da sie
durch den verminderten Druck in geringer Wassertiefe langsam abgeatmet werden. Anschließend
kann gefahrlos bis zur Wasseroberfläche getaucht
werden.

Am einfachsten ist es zu erklären, wenn Sie sich
eine Flasche mit kohlensäurehaltigem Mineralwas-
ser vorstellen. Öffnen Sie die geschüttelte Flasche
langsam, kann der Druck vorsichtig entweichen, genauso wie bei dem Dekompressionsstopp. Würden
Sie die Flasche nun aber schnell öffnen, würde die
Flüssigkeit herausprudeln, weil sie große Gasblasen bildet. So wäre es bei einem schnellen Auftauchen ohne Stopp.

WAS HAT TAUCHEN MIT PSYCHOLOGIE ZU TUN?

Beim Tauchen stehen Sie in einer ungewohnten Umgebung unter Druck. Sie können verwirrt sein und das kann zu Veränderungen in Ihrem Denken und Tun führen. Alles wird von Ihrem Gehirn und Nervensystem organisiert. Alle Handlungen, die Sie durchführen, sind an mehrere Prozesse gebunden. Ihre Sinne senden Signale aus und Ihr Körper intensiviert diese mit Faktoren wie zum Beispiel Stress oder Schlafmangel. Es ist immer wichtig, bei jedem Tauchgang wachsam zu bleiben, damit Ihnen Ihr Verhalten in jeder Situation bewusst ist. Der Verlauf Ihres Tauchganges hängt von diesen Faktoren ab.

Immer wieder kann es passieren, dass Taucher auf Probleme stoßen. Da kann man schnell in Stresssituationen kommen, wenn zum Beispiel die Maske undicht ist, schlechte Sicht vor Ihnen liegt oder wenn Sie starke Strömungen umgeben. Es ist wichtig, ruhig und effektiv auf solche Situationen zu reagieren. Doch das ist nicht immer so einfach, wenn Ihre Gedanken durch Stress oder Ähnliches vorbelastet sind. Dadurch können Ihnen in verzwickten Situationen Fehler unterlaufen, wo Sie normalerweise anders gehandelt hätten. Scheuen Sie sich nicht, Ihrem Buddy Bescheid zu geben, wenn eine neue unbekannte Situation Sie in Angst versetzt, bevor Ihr Befinden sich verschlimmert und es zu einem Tauchunfall kommt. Sie sollten die Angst niemals verschweigen, verleugnen oder überspielen. Wenn Sie unruhig werden und Stress verspüren, sollten Sie das umgehend Ihrem Tauchpartner signalisieren, bevor Ihre Angst in Panik übergeht.

Was helfen kann, ist, wenn Sie erkennen, was Sie beunruhigt. Stellen Sie Hand- und Augenkontakt mit Ihrem Tauchpartner her und versuchen Sie, durch gezieltes Ein- und Ausatmen ruhiger zu werden. Scheuen Sie sich nicht, bei weiterem Unbehagen den Tauchgang zu beenden.

WAS PASSIERT NACH DEM TAUCHGANG?

Der Tauchgang in seinen einzelnen Phasen ist anstrengend für den Körper. Da ist es verständlich, dass Sie, wenn Sie aus dem Wasser kommen, erst mal entspannen wollen. Priorität sollte aber haben, dass die Tauchausrüstung mit sauberem Süßwasser gespült wird. Das verhindert, dass Schmutzpartikel Kleinteile wie O-Ringe beschädigt oder Ventile verstopft. Zudem kann es sein, dass Salzkristalle das Material angreifen, wenn Sie im Salzwasser tauchen waren. Achten Sie darauf, dass jedes Teil der Ausrüstung ordentlich abgespült und zum Trocknen aufgehängt wird. Restfeuchtigkeit bietet Mikroorganismen eine optimale Verbreitungsgrundlage. Zu beachten ist ebenfalls, dass die Ausrüstungsteile nicht über längere Zeit direkter Sonneneinstrahlung ausgesetzt sind. Diese trocknet Neopren und Schläuche aus und macht das Material brüchig.

WIE PFLEGE ICH MEINE TAUCHAUSRÜSTUNG?

Die Tauchausrüstung ist besonders anfällig für die Ausbreitung von Bakterien und Pilzen. Diese können allergische Reaktionen und Infektionen an der Haut und den Atemwegen auslösen. Es ist wichtig, die Tauchausrüstung zu reinigen und zu desinfizieren. Denn die Pflege der Ausrüstung dient der Sauberkeit und Hygiene und ist elementar für die Sicherheit des Tauchers.

Gehen Sie überlegt und sorgsam mit Ihrer Tauchausrüstung um. Sie sollte richtig gelagert und gepflegt werden, das erspart Ihnen jede Menge Ärger und Geld. Hier sind einige Tipps, wie Sie Ihre Tauchausrüstung lagern sollten:

- Der Tauchanzug sollte an einem Kleiderbügel hängend in einem frostfreien Raum gelagert werden. Achten Sie darauf, dass er licht- und staubgeschützt ist und keine lösungsmittelhaltigen Substanzen in der Nähe sind. Neopren und auch Kunststoffe können von Lösungsmitteldämpfen beschädigt werden, dies sollte bei der gesamten Tauchausrüstung beachtet werden. Der Tauchanzug sollte nicht höher als 30 Grad mit Feinwaschmittel in der Waschmaschine gewaschen werden. Er darf nicht geschleudert oder gebügelt werden. Bei eventuellen Waschmittelresten spülen Sie den Anzug mit klarem Wasser in der Waschmaschine oder mit der Hand durch. Zusätzlich sollte eine regelmäßige Desinfektion stattfinden. Anschließend trocknen Sie ihn vollständig an einem kühlen, schattigen Platz auf einem Kleiderbügel.

- Silicon-Spray kann man gut nutzen, um Reißverschlüsse wieder leichtgängig zu machen und ihn zu konservieren.
- Damit die Manschetten nicht verkleben, kann man sie mit Talkum pudern.
- Handschuhe und Füßlinge werden genauso wie der Tauchanzug gewaschen.
- Die Lungenautomaten werden beide gründlich mit klarem Wasser gereinigt und Schläuche leicht mit Vaseline eingefettet. Wichtig ist, sie auf Knicke zu kontrollieren und entsprechend zu lagern, um Bruchstellen zu vermeiden. Es sollte jährlich, vor der Tauchsaison, eine Inspektion vom Fachmann durchgeführt werden.
- Das Jacket wird auch gründlich mit klarem Wasser gespült, optional können Sie beim letzten Spülgang etwas Sagrotan mit in das Spülwasser geben. Es sollte genauso wie der Tauchanzug an einem kühlen, schattigen Platz auf einem Bügel trocknen. Hierbei sollte er halb aufgeblasen werden, damit sich in den Knicken keine Pilze oder Ähnliches bilden können. Anschließend sollte er auch frostfrei, licht- und staubgeschützt weggehängt werden.

- Der Beigurt kann auch mit klarem Wasser gespült werden und zum Trocknen weggehängt werden.
- Wenn Sie ein Tauchmesser benutzen, sollte es möglichst zerlegt von Schmutz- und Salzresten befreit werden und anschließend mit Silicon-Spray eingefettet werden.
- Wenn Sie eine eigene Pressluftflasche besitzen, sollte diese mit etwas Restdruck zwischen 20 - 50 bar im Stehen gelagert werden, da das Flaschenmaterial ermüden kann, wenn man sie im vollen Zustand lagert. Hier gilt auch die jährliche Kontrolle, Druckprüfung, durch einen Fachmann.
- Bei Taucherlampen sollten Sie nach der Reinigung alle O-Ringe einfetten und ohne Akkus oder Batterien lagern.

Da während der Lagerung Verschleiß auftreten kann, ist es unumgänglich, nach der Lagerung die gesamte Tauchausrüstung vor der nächsten Benutzung zu prüfen. Die Angaben des Herstellers sollten unbedingt beachtet werden, denn sie geben vor, welche Pflege wie oft benötigt wird.

Den Tauchschein absolvieren

Wenn Sie das Schnuppertauchen erfolgreich überstanden haben und das Tauchen zum Hobby machen möchten, müssen Sie eine Tauchausbildung absolvieren. Der Tauchschein wird auch als Brevet oder als Tauchabzeichen bezeichnet. Mit ihm können Sie beweisen, dass Sie eine abgeschlossene Tauchausbildung haben. Von nun an dokumentieren Sie die durchgeführten Tauchgänge in einem Logbuch. Anhand dieser Daten kann man nachvollziehen, welchen Ausbildungsstand Sie haben. Erfahrung bekommen Sie, umso mehr Tauchgänge Sie absolviert haben.

Je nach Organisation liegt das Mindestalter des ersten Tauchscheins zwischen 10 und 15 Jahren. Es ist wichtig, dass Sie gut schwimmen können und vom Arzt durchgecheckt wurden. Je nachdem wo Sie den Tauchschein machen wollen, variieren die Preise extrem stark. Meistens ist er in Urlaubsregionen teurer als in der Heimat. In der Regel können Sie mit Kosten von circa 350 Euro rechnen. Dieses kann schwanken, weil jede Tauchschule die Kosten für einen Kurs selbst bestimmen kann.

Mit dem Erhalt eines Tauchscheins verfügen Sie über ausreichendes Wissen und Fähigkeiten, um es Ihnen möglich zu machen, ohne Tauchlehrer Tauchgänge zu absolvieren. Trotzdem sollten Sie niemals ohne Buddy tauchen gehen.

In fast jeder Tauchorganisation gibt es verschiedene Brevetierungsstufen. Deshalb können Sie auch nicht davon ausgehen, dass alle miteinander verglichen werden können. Sie ähneln sich zwar, aber neben der eigenen Namen der Kurse können sich auch die Voraussetzungen und Inhalte unterscheiden. Informieren Sie sich deshalb vorab bei mehreren Tauchschulen.

WELCHE ORGANISATIONEN GIBT ES?

Hier sehen Sie die bekanntesten Ausbildungsorganisationen:

- Professional Association of Diving Instructors, kurz PADI genannt
- Scuba Schools International, kurz SSI genannt
- World Confederation of underwater Activities, kurz CMAS genannt
- National Association of underwater Instructors, kurz NAUI genannt

Alle diese Tauchverbände haben ihre eigenen Tauchschulen und Tauchscheine, sie akzeptieren aber trotzdem die verschiedenen Brevets von anderen Verbänden.

Im Folgenden sehen Sie eine Aufstellung der verschiedenen Tauchscheine. Diese dient für Sie als Übersicht und Hilfsmittel.

	PADI	SSI	CMAS	NAUI
Einführungs-Programme	· Bubblemaker · Discover Scuba Diving	· Try Scuba · Try Scuba Diving	/	NAUI Skin Diver
Supervised Diver (Beaufsichtigter Taucher)	PADI Scuba Diver	SSI Scuba Diver		NAUI Passport Diver
Einsteiger	PADI (Junior) Open Water Diver		CMAS * Diver	NAUI Scuba Diver
Fortgeschrittene	PADI Advanced Open Water Diver	SSI Advanced Adventurer		NAUI Advanced Scuba Diver
Rettungstaucher	PADI Rescue Diver	SSI Diver Stress and Rescue	CMAS ** Diver	
Dive Leader (Tauchführer)	PADI Divemaster	SSI Dive Guide	CMAS *** Diver	NAUI Divemaster
Scuba Instructor 1 (Tauchlehrer)	PADI Assistant Instructor	SSI Dive Control Specialist		NAUI Assistant Instructor
Scuba Instructor 2	· PADI Open Water Scuba Instructor · PADI Master Scuba Diver Trainer · PADI IDC Staff Instructor · PADI Master Instructor · PADI Course Director · PADI Examiner	· SSI Open Water Instructor · SSI Advanced Open Water Instructor · SSI Divemaster/Control Specialist Instructor · SSI Master Instructor · SSI Instructor Trainer · SSI Instructor Certifier	· CMAS Tauchlehrer * · CMAS Tauchlehrer ** · CMAS Tauchlehrer ***	· NAUI Instructor · NAUI Staff Instructor · NAUI Instructor Trainer · NAUI Course Director / Examiner

WIE DEFINIEREN SICH DIE EINZELNEN TAUCHSCHEINE?

Anhand der Organisation PADI führe ich hier auf, was die einzelnen Tauchscheine für Anforderungen bereithalten. So bekommen Sie eine Übersicht darüber, welche Ziele Sie sich stecken können und was verlangt wird.

1. Der PADI Bubblemaker

Diese Erfahrung ist für die erste Berührung unter Wasser für Kinder ab 8 Jahren gedacht. Spielerisch sollen sie an den ersten Tauchgang geführt werden und erfahren die benötigten theoretischen Grundlagen. Die Tauchtiefe beträgt hier circa 2 Meter und die Dauer des Bubblemakers beträgt ungefähr 2 Stunden.

2. Der Discover Scuba Diving

Dieser Tauchgang kann ab 10 Jahren absolviert werden und ist optimal, um einen ersten Eindruck vom Tauchen zu bekommen. Gute Schwimmkenntnisse sowie gesundheitlich fit sein sind Voraussetzung. Nach einer Einführung in das theoretische Wissen werden Sie mit dem Equipment ausgerüstet. Anschließend geht es im Niedrigwasser auf den Boden.

Hier werden einige leichte Übungen durchgeführt, bevor die Unterwasserwelt erkundet wird.

Der Tauchlehrer steht während des gesamten Tauchganges in direktem Kontakt mit Ihnen, sodass Sie die ganze Zeit eine Sicherheit verspüren. Die Tiefe dieses Tauchganges richtet sich nach Ihnen. Was Sie sich zutrauen und wie schnell Sie atmen. Je nachdem dauert dieser Tauchgang ungefähr 30 bis 40 Minuten.

3. Der PADI Scuba Diver

Wenn Sie die Absicht haben, immer mit einem Tauchlehrer zu tauchen, sind Sie bei dem Scuba Diver an der richtigen Adresse. Dieser Schein ist das Unterprogramm zum Open Water Divers, in dem Sie auch ohne Tauchlehrer tauchen können. Er kann auch als Zwischenschritt zu dem nächsten Kurs durchgeführt werden. Genauso wie beim Discover Scuba Diving muss ein Mindestalter von 10 Jahren vorhanden sein. Beim Scuba Diver brauchen Sie keine Taucherfahrung mitbringen. Mit einem Tauchprofi werden Sie hier auf eine maximale Tiefe von 12 Metern tauchen.

4. Der PADI Junior Open Water Diver

Dieser Kurs kann in einem Alter von 10 bis 15 Jahren besucht werden. Es wird der gleiche Inhalt wie im PADI Open Water Diver Kurs nur in kindgerechter Form vermittelt, mit dem Unterschied, dass Sie bei diesem Schein nur mit einem verifizierten Open Water Diver in die Tiefe dürfen.

5. Der PADI Open Water Diver

Diesen Tauchschein können Sie auch als Freiwasser-Taucher bezeichnen. Er kann ohne irgendwelche Vorkenntnisse absolviert werden, wenn Sie körperlich fit sind. Er ist der Einstieg für das selbstständige Tauchen, sozusagen wie eine Grundtauchausbildung, in der Sie alles Wissenswerte über das Tauchen lernen. Das Mindestalter ist 15 Jahre. Die erlaubte Tauchtiefe mit diesem Tauchschein beträgt 18 Meter.

Der Kurs besteht aus drei Modulen: Fünf Mal Theorie, fünf Mal im Schwimmbad tauchen und mindestens vier Mal im Meer oder See tauchen. Zusätzlich können Sie einen Schnorchel-Tauchgang und/oder Abenteuer-Tauchgang durchführen. Das Lehrbuch wird vom Kursteilnehmer selbst durchgearbeitet und mit dem Tauchlehrer besprochen, die weitere Theorieausbildung erfolgt mit Lehrvideos.

Bei den Schwimmbad-Tauchgängen lernen Sie die Grundlagen und verschiedenen Techniken der Sicherheit. Dazu gehört die Einsteigtechnik in das Wasser, wie Sie mit Regulator im Mund unter Wasser atmen, wie Sie Wasser aus der Maske bekommen, wie Sie sich unter Wasser austarieren können, wie Sie mit den Flossen umgehen, wie Sie Maßnahmen ergreifen, wenn Sie den Regulator verlieren sollten oder in andere Notsituationen kommen. Diese Übungen werden später im tieferen Wasser wiederholt. Auch werden verschiedene Maßnahmen aufgezeigt, um sich unter Wasser zurechtzufinden und im Freiwasser auf- und abzutauchen. Die Theorie-Inhalte beinhalten in Lektion eins die Einführung in die Unterwasserwelt, die Tauchausrüstung und das Partnersystem (Buddy).

In Lektion zwei werden die Anpassung an die Unterwasserwelt, das Atmen unter Wasser und die Tauchzeichen durchgegangen.

Lektion drei umfasst die Umgebung beim Tauchen, die Tauchgangs Planung, Bootstauchgänge, der Umgang mit Problemen, diese vorbeugen und erkennen können und allgemeine Freiwasser-

Techniken.

In Lektion vier wird die spezielle Tauchausrüstung, die Gesundheit, das Atmen von Luft unter Wasser und die Tauchtabelle durchgegangen.

Und in Lektion fünf erfahren Sie, was Sie aus der Tauchtabelle entnehmen können und wie Sie es umsetzen, alles über das Navigieren unter Wasser und wie Sie sich weiterbilden können.

Nach Abschluss dieses Kurses sind Sie qualifiziert, um eigenständig mit einem Buddy tauchen zu gehen, eine Flasche mit Luft befüllen zu lassen sowie Ausrüstung zu mieten. Sie können entsprechend Ihres Ausbildungsstandes und Ihrer Erfahrung Nullzeit-Tauchgänge planen und mit Buddy durchführen.

6. Der PADI Advanced Open Water Diver

Das Mindestalter, um diesen Kurs absolvieren zu dürfen, beträgt 12 Jahre. Sie sollen durch ihn lernen, weitere Kenntnisse zu erlangen und Ihre bisherigen Fertigkeiten zu verbessern. Dadurch gewinnen Sie an Selbstvertrauen. Dieser Tauchschein ist ein Zusatz zu dem Open Water Diver und umfasst fünf Tauchgänge. Drei der Tauchgänge sind vorgegeben, bei den anderen beiden können Sie wählen, welche

Sie interessieren und durchführen möchten. In den drei Pflichttauchgängen geht es um einen Tauchgang in einer Tiefe von 30 Metern, einen Tauchgang in der die Navigation im Vordergrund steht, in dem Sie lernen, wie Sie unter Wasser mit einem Kompass umgehen, um sich zu orientieren, und im letzten geht es um die Tarierung und wie Sie sie gebrauchen, um den Luftverbrauch zu verringern, um längere Tauchgänge zu genießen.

Die letzten Tauchgänge können Sie wählen, zur Auswahl stehen:

- Mit dem Scooter, auch Divers Propulsion Vehicle genannt, eine neue Perspektive vom Tauchplatz bekommen.

- Die allgemeine Orientierungsfähigkeit unter Wasser verbessern beim Thema: Suchen und Bergen. Verlorene Gegenstände sollen in diesem Tauchgang wiedergefunden werden.

- Als Naturalist sollen Sie das Ökosystem besser kennenlernen, um es zu verstehen, damit Ihnen die Verantwortung dessen bewusster wird.

- Beim Bootstauchgang erlernen Sie den Vorgang und die Verfahren, die für einen Bootstauchgang wichtig sind, dazu gehören zum Beispiel die Einstiegs- und Ausstiegsvarianten und das Zurechtfinden mit der Sicherheits- und Notfallausrüstung.

- Beim Fischbestimmen lernen Sie die verschiedenen Fische und Lebewesen kennen und identifizieren und die Merkmale, um sie zu kategorisieren.

- Außerdem können Sie noch zwischen weiteren tollen Tauchgängen wie dem Nachttauchgang, dem Bergseetauchen, dem Multilevel-Tauchen, Nitrox tauchen, Strömungstauchen, Trockentauchen und Unterwasserfotografie wählen.

7. PADI Rescue Diver

Übersetzt Rettungstaucher. Um diesen Tauchschein zu erhalten, müssen Sie mindestens 12 Jahre alt, in den letzten zwei Jahren einen Erste-Hilfe-Kurs absolviert haben und brevetierter Advanced PADI Open Water Diver sein. Der vorhandene Schein muss als Nachweis vorgelegt werden, genauso wie das Logbuch mit mindestens 20 eingetragenen Tauchgängen sowie die Erfahrungen im Tieftauchen und in der Unterwasser Navigation. Bei diesem Tauchschein werden Sie für den Umgang in Notsituationen geschult, die unter Wasser passieren können.

Eventuell auftretende Probleme von Tauchern werden der Mittelpunkt sein, deswegen erlernen Sie hier Techniken, um mit den Situationen umgehen zu können. Hierbei ist es wichtig, dass die richtige Reaktion unter Wasser vermittelt wird. Durch diesen Kurs sollen Tauchunfälle vermieden werden. In verschiedenen Szenarien werden Erste Hilfe, Rettungstechniken, Rettungsmanagement, Tauchmedizin, Notfallmanagement und die Tauchausrüstung durchgenommen und besprochen. Dieser Kurs beinhaltet fünf Theorielektionen, fünf Freiwasser-Tauchgänge mit zehn Übungen sowie zwei Rescue-Szenarien, die in der Prüfung durchgespielt werden. Die Theorie Module beinhalten die Selbstrettung und den Tauch-Notfall, die Taucher-Erste-Hilfe (Ausrüstung und Ablauf), das Notfallmanagement und die Notfallausrüstung.

In den Freiwassertauchgängen werden die Module rund um den Taucher durchgenommen. Was passiert, wenn er überanstrengt, panisch, vermisst oder bewusstlos ist. Dazu sollen Sie mit der Hilfe von außen reagieren, zum Beispiel von einem Boot aus. Ein Notfall unter Wasser wird durchgenommen, wie zum Beispiel der Notaufstieg oder das Bergen mit einem bewusstlosen Taucher sowie das Versorgen des Betroffenen, auch bei Dekompressions-Unfällen. Sie lernen, Hilfe an Land zu organisieren. Mit diesem Tauchschein ist es Ihnen möglich, sich und andere Taucher aus schwierigen Situationen zu retten.

8. PADI Divemaster

Dieser Kurs ist der Einstieg zum professionellen Taucher der internationalen Norm ISO 480-3. Der Divemaster ist befugt, einem Tauchlehrer zu assistieren, da er bei diesem Tauchschein das Wissen eines Tauchlehrers vermittelt bekommt. Es ist auch möglich, einige Kurse selber zu unterrichten. Die Ausbildung, um Gruppen führen zu dürfen, ist inbegriffen, sodass Sie auch als Tauch-Guide arbeiten können. Er kann einen Notfallplan und eine Tauchplatzkarte erstellen und entwickelt Tauchfertigkeiten in Demonstrationsqualität. Mit 18 Jahren ist es Ihnen möglich, diesen Tauchschein zu absolvieren. Dazu brauchen Sie am Anfang der Ausbildung 40 eingetragene Tauchgänge und bei Beenden des Scheins 60 eingetragene Tauchgänge, damit das Brevet beantragt werden kann. Zusätzlich benötigen Sie den Open Water Diver, den PADI Advanced Diver, den Rescue Diver und einen Erste-Hilfe-Kurs mit Herz-Lungen-Wiederbelebung, der nicht älter als zwei Jahre sein darf.

Dieser Kurs beinhaltet drei Hauptteile. Im ersten Teil geht es um Wassertauglichkeit und Tauchfertigkeiten. In diesem Modul lernen Sie alles über Wassertauglichkeit und Ausdauer, Tauchfertigkeiten in Demonstrationsqualität und Rettungsfertigkeiten.

Im zweiten Teil wird die Entwicklung der theoretischen Kenntnisse durchgenommen. In diesem Modul soll die Rolle des Divemasters aufgezeigt werden. Er assistiert dem Tauchlehrer bei der Ausbildung von Tauchern und wird mit der Tauchtheorie, der Tauchphysik, der Tauchphysiologie, der Tauchausrüstung und der Theorie der Dekompression vertraut gemacht. Auch werden von ihm gefordert, eigenständig Ausbildungen durchzuführen, dazu gehört auch das Risikomanagement, das Geschäft der Tauchbasis und die weitere Tauchkarriere.

Im dritten Teil wird die praktische Anwendung geübt. Die Anfertigung einer Unterwasserkarte, ein durchführbares Programm vom Divemaster geleitet, Begleitung echter Tauchkurse und Rollenspiele.

9. Tauchlehrer

Auf dem Weg zum Tauchlehrer gibt es mehrere Ebenen. Da wären der PADI Assistant Instructor, dann der PADI Open Water Scuba Instructor, der PADI Master Scuba Diver Trainer, der PADI IDC Staff Instructor, der PADI Master Instructor, der PADI Course Director und der PADI Examiner.

In diesen Kursen wird der Inhalt aus dem Dive Leader Kurs aufgegriffen und bei jedem erweiterten Kurs vertieft. Sie lernen, wie Sie einzelne Module des Tauchens einfach vermitteln. Außerdem werden Sie lernen, wie ein Tauchkurs geplant und durchgeführt wird.

Die Voraussetzung ist ein Mindestalter von 18 Jahren, der vorausgegangene Tauchschein, eine gültige Tauchtauglichkeitsbescheinigung und 80 eingetragene Tauchgänge im Logbuch in unterschiedlichen Gewässern, davon müssen Sie 25 als Gruppenführer aufweisen können.

WELCHE TAUCHZEICHEN GIBT ES?

Zu jeder Tauchausbildung gehören die Kenntnisse der grundlegenden Tauchzeichen. Sie haben mit ihnen eine Kommunikationsmöglichkeit, die Sie benutzen können, um sich unter Wasser mit anderen Tauchern zu verständigen. Tauchzeichen sind Gesten mit den Händen, um Ihren Tauchpartner zum Beispiel auf Gefahren hinzuweisen oder ihm verständlich zu machen, dass man kaum noch Sauerstoff zur Verfügung hat. Es handelt sich bei den Zeichen um eine gestellte Frage, eine Antwort oder einer Anordnung, auf die der Tauchpartner in der Regel eine Reaktion zeigen sollte. Es gibt 160 verschiedene Tauchzeichen, doch nur 31 davon sind international vorgeschrieben und werden Ihnen in der Tauchausbildung beigebracht. Es gibt auch einige Licht- und Leinenzeichen, falls eine schlechte Sicht die Handzeichen nicht zulässt.

In der sogenannten World Recreational Scuba Training Council, kurz WRSTC genannt, sind viele bedeutende Tauchorganisationen zusammengeschlossen. Dort wurden im Jahre 2005 die 31 wichtigsten Handzeichen festgelegt. Jeder Taucher sollte diese Zeichen, mit Abschluss der Grundausbildung, beherrschen und anwenden können. Da diese 31 Tauchzeichen zu einem späteren Zeitpunkt zur internationalen Norm hinzugefügt wurden, übernahmen die meisten Tauchorganisationen diese Zeichen in ihre Grundausbildung.

Hier können Sie die 31 Tauchzeichen überblicken:

1. Daumen und Zeigefinger als O zusammenhalten, die restlichen Finger nach oben gestreckt = Ist alles in Ordnung? Oder ich bin in Ordnung.

2. Daumen und Zeigefinger als O zusammenhalten, die restlichen Finger neben dem Zeigefinger ebenfalls zum O bilden = Das OK-Zeichen mit dicken Handschuhen.

3. Die Hand gestreckt gerade halten, alle Finger zeigen nebeneinander nach oben = Stopp, hier bleiben!

4. Die Hand zur Faust schließen und den Daumen nach oben ausstrecken = Aufstieg, auftauchen. Tauche hoch oder ich tauche hoch.

5. Die Hand zur Faust schließen und den Daumen nach unten ausstrecken = Abstieg, abtauchen. Tauche runter oder ich tauche runter.

6. An der Wasseroberfläche: Mit einem Arm einen

Halbkreis bilden und die Fingerspitzen auf dem Kopf verwahren = Ich bin in Ordnung. Ist auch aus größerer Distanz sichtbar.

7. An der Wasseroberfläche: Mit beiden Armen einen Kreis bzw. ein O bilden und die Fingerspitzen über dem Kopf zusammenhalten = Ich bin in Ordnung. Ist auch aus größerer Distanz sichtbar.

8. Mit zwei Fingern, Zeige- und Mittelfinger, zu den eigenen Augen zeigen = Schau hin!

9. Eine geschlossene Faust bilden, den Zeigefinger strecken und auf mich zeigen = Ich. Schaue zu mir!

10. Mit den Händen an den gegenüberliegenden Oberarm fassen = Mir ist kalt.

11. Die Hand zur Faust machen, den Zeigefinger ausstrecken und auf das Ohr zeigen = Ich habe Probleme mit den Ohren und kann den Druckausgleich nicht herstellen.

12. Die Hand zur Faust machen, den Zeigefinger ausstrecken und auf die Stirn zeigen = Denk nach! Oder erinnere dich!

13. Beide Hände zu Fäusten schließen und über Kreuz vor die Brust halten = Gefahr! Ein

Warnzeichen.

14. Eine Hand zur Faust und gerade nach vorne ausstrecken = Gefahr in dieser Richtung! Ein Warnzeichen.

15. Eine Hand gerade nach vorne strecken und senkrecht hin und her schwenken = Irgendetwas stimmt nicht oder ich habe ein Problem. Ein Warnzeichen.

16. Einen Arm in die Höhe strecken und von rechts und links und zurück winken = Ich brauche Hilfe! Oder ein Notfall! Ein Notfallzeichen.

17. Die flache Hand mit nebeneinander gelegenen Fingern quer unter das Kinn bzw. dem Regulator halten = Meine Luft ist leer! Ein Notfallzeichen.

18. Mit der rechten Hand den Regulator rausnehmen und mit der linken Hand gerade ausgestreckt nach oben zum Mund zeigen = Gib mir sofort Luft! Ein Notfallzeichen.

19. Die flache Hand mit nebeneinander gelegenen Fingern ausstrecken und langsam nach oben und unten bewegen, ohne das Handgelenk zu bewegen = Entspanne dich! Mach langsam! Oder beruhige dich!

20. Beide Arme parallel an den Ellenbogen nach oben knicken und die flachen Hände mit nebeneinander gelegenen Fingern am Handgelenk nach außen abknicken = Ich weiß nicht.

21. Die Hände ineinander halten = Einander die Hände halten.

22. Beide Hände zur Faust schließen, die Zeigefinger strecken und nebeneinander halten = Gehe mit deinem Buddy!

23. Beide Hände zur Faust schließen und die Zeigefinger nach vorne rausstrecken, dabei eine Hand hinter die andere halten = Du führst, du folgst oder du führst, ich folge.

24. Beide Hände zu einer Wanne nebeneinander halten, so als ob Sie Wasser schöpfen wollen = Boot oder Schiff.

25. Hand mit abgespreizten Fingern senkrecht halten und leicht nach oben und unten bewegen = Die Tauchtiefe konstant halten!

26. Eine Hand zur Faust schließen, den Zeigefinger nach oben strecken und einmal um 180 Grad drehen = Umkehren!

27. Eine Hand zur Faust schließen, den Zeigefinger zur Seite ausstrecken und abwechselnd in beide

Richtungen zeigen = In welche Richtung?

28. Die Faust geschlossen, den Zeigefinger rausge-
streckt und in die Richtung zeigen, die man zeigen will = In diese Richtung.

29. Eine geschlossene Faust mehrere Male gegen
die Brust klopfen = Meine Luft ist fast leer. Ein
Warnzeichen.

30. Eine Hand senkrecht mit spitz zusammenlau-
fenden Fingern mehrere Male zur Brust hinzie-
hen = Komm her!

31. Den Daumen unter die flache waagerechte
Handfläche legen und von sich selbst wegbewe-
gen, um so in die Richtung, die gemeint ist, zu
zeigen. Zum Beispiel um ein Hindernis zu um-
schwimmen = Drüber, drunter oder rund-
herum.

Die richtigen Tauchgebiete wählen

Die richtigen Tauchgebiete zu finden, ist sehr unterschiedlich, da jeder Taucher andere Interessen hat. Während der eine lieber Wracktauchen geht, möchte der andere gern Höhlentauchen. Der Hobbytaucher möchte andere Tauchgebiete erkunden wie der Tauchprofi. Der eine bevorzugt andere Strömungsgänge und so weiter. Da ist es völlig verständlich, dass über die besten Tauchgebiete stark diskutiert wird. Ich zeige Ihnen hier einige der schönsten und beliebtesten Tauchgebiete.

Die Galapagos Inseln

Sehr eindrucksvoll sollen diese Inseln sein, da es ein Großfischtauchrevier ist. Sie können hier etliche Highlights wie unter anderem Haie, Seelöwen, Rochen, Schildkröten, Hammerhaischulen, Seepferdchen und Anglerfische zu sehen bekommen. Aufregend ist es auch in der Walhaisaison, von Juni bis Oktober ist es sehr wahrscheinlich, die Riesen der Meere in Wolf und Darwin zu sehen. Sie können durch die eindrucksvollen Lava-Formationen der Insel eine außergewöhnliche Unterwasserwelt bewundern.

Afrika und Ägypten

Diese Tauchgebiete sind der Klassiker für Tauchurlauber und zählen zu den schönsten Tauchplätzen. Nur in wenigen Flugstunden können Sie das Rote Meer in Ägypten erreichen und atemberaubende Einblicke gewinnen. Sie können hier auch gefährlichen Fischen begegnen, dafür aber auch vielfältige Korallenriffe in ihrer Schönheit erblicken. Es herrschen ideale Strömungsbedingungen, die Sie kennenlernen sollten.

Auch Ägypten ist sehr beliebt bei Tauchern. Das Blue Hole in Dahab ist ein über 100 Meter tiefes Loch mitten in einer Rifflandschaft und sehr faszinierend. In Sharm el Sheikh gibt es kleine Korallengärten und wunderbare Riffe, auch das Wrack der HMS Thistlegorm liegt seit 1941 ruhend auf dem Boden des Roten Meeres und kann in rund 30 Metern Tiefe betaucht werden. Zu den schönsten Unterwassererlebnissen gehören auch der Ras Mohammed Nationalpark. Seine geschützte Flora und Fauna ist mit einer 40-minütigen Bootsfahrt zu erreichen und überzeugt mit Steilabbrüchen.

An den Küstenorten Hurghada und Safaga können Sie tolle Tauchgänge mit Delfinen und Wasserschildkröten erleben.

Costa Ricas Kokosinsel

Die Tauchgebiete rund um die pazifische Kokosinsel kann man sehr gut mit dem Boot erreichen. Auf den Tauchtouren können Sie auf gigantische Fischschwärme und unzählige Haiarten treffen. Hammerhai, Bullenhai, Seidenhai und auch Weißspitzenhaie lassen sich in größeren Gruppen antreffen, daher wird die Insel auch als „Berg der Haie" bezeichnet. Seit 1997 steht sie unter Naturschutz.

Der Sudan

Hier lernen Sie unberührte Natur kennen, in weiter Entfernung zum Tourismus. Es gibt hier viele verschiedene Tauchgebiete mit exotisch klingenden Namen, wie zum Beispiel Angarosh. Mit einem Safariboot werden sie angesteuert und zu sehen gibt es unberührte Riffe und intakte Fischbestände sowie eine Masse von Haien.

Australien

Ein sehr beliebter Tauchplatz ist das Höhlentauchen im westaustralischen Cocklebiddy Cave. Da sich hier faszinierende Gangsysteme und Felsformationen befinden, ist es empfehlenswert, dass Sie Erfahrung mitbringen. Grundkenntnisse im Höhlentauchen sind wichtig, auch dass Sie keine Angst vor der Dunkelheit haben.

Das größte Korallenriff der Erde liegt in Australien, das Great Barrier Reef, das 1981 zum UNESCO Weltkulturerbe ernannt wurde.

Kolumbien

Faszinierende Tauchgebiete gibt es auch auf der Insel Malpelo. Innerhalb der Saison können Sie Glück haben und einen Walhai oder Manta bewundern.

Lassen Sie sich auch von Seidenhaien, Hammerhaien und Sandtigerhaien sowie Thunfischen und Makrelenschwärmen verzaubern.

Asien

Die Malediven sind bei sehr vielen Tauchern beliebt, denn ihre Atolle sind atemberaubend schön und umschließen die Lagunen. Die Atollkanäle wie das Nord-Male-Atoll sind ein Tauchparadies und werden gerne angesteuert. Lassen Sie sich hier durch das azurfarbene Meer und die vielen Fischschwärme beeindrucken.

Auch ist der Komodo Nationalpark in Indonesien ein beliebter Ort. Erkunden Sie hier die starken Strömungen und die artgeschützten Komodowarane.

Mexiko

Riesige Schwärme von Fischen locken Beutefische und Jäger in die Sea of Cortez. Sie umschließt westlich die Halbinsel Baja California. Interessant sind die Meeresströmungen, denn sie sorgen dafür, dass nährstoff- und plantonreiches Wasser in die flacheren Bereiche gelangt. Aus diesem Grund ist das Nahrungsangebot in diesem Bereich sehr hoch, wodurch die großen Fischschwärme und Wale angelockt werden, genauso wie Haie und Delphine sich gerne an diesen Ort begeben. Auch Barrakudas und Makrelen gehen hier bei dem großen Angebot an Nahrung gerne auf die Jagd. Verspielte Seelöwen und Mobula-Schwärme runden den Artenreichtum an diesem besonderen Ort ab.

Auch sehr schön ist die mexikanische Halbinsel Yucatan. Hier in der Karibik ist eine besondere Artenvielfalt zu finden, in der Sie Meeresschildkröten, Ammenhaie, Delfine, Barrakudas und Segelfische zu sehen bekommen. Die Möglichkeit des Höhlentauchens besteht in den Cenoten. In diesem unterirdischen Paradies können Sie komplexe Höhlenformationen bestaunen, die mit der Zeit von Wasser ausgespült werden. Interessant ist, dass die Cenoten zum Teil mit Süßwasser und zum Teil mit Brackwasser volllaufen. Dadurch entstehen beeindruckende Formationen.

Fakarava

Dieses Atoll befindet sich 460 km nordöstlich von Tahiti und ist Teil der Tuamotu Inseln. Es gibt hier zwei interessante Tauchgebiete. Den Garuae Pass im Norden und den Tumaohua Pass im Süden, sie ragen heraus, weil es hier faszinierende Rifflandschaften zu sehen gibt, die mit prallem Leben gefüllt sind. Hier können Sie riesige Fischschwärme und viele verschiedene Fischarten erblicken. Doktorfische, Makrelen, Soldatenfische und viele mehr. Auch für Haie ist es ein schönes Gebiet mit hohem Nahrungsangebot, deshalb ist es auch nicht unüblich, mehrere hundert Riffhaie bei einem Tauchgang zu erblicken. Wenn Sie Glück haben, können Sie einen Hammerhai oder einen Weißspitzenriffhai beobachten.

Indonesien

Der Indopazifik umfasst 17.500 Inseln und ist somit der weltgrößte Inselstaat. In den verschiedenen Arealen sammeln sich vom Kleintier bis zum Großfisch alles an. Einige strömungsreiche Gewässer sind typisch für Fischschwärme, Mantas und Meeresschildkröten, Haie sind seltener geworden.

Portugal

Ein aufregendes Tauchgebiet sind die Azoren. Es lassen sich einige unberührte Tauchspots finden, an denen Sie große Fischschwärme in Augenschein nehmen können. Mit großen Schwärmen Mobulas tauchen, kann man auf der Princess Alice Bank, dem

Seeberg im Atlantik. Vor der Küste von Faial lassen sich Makohaie und Blauhaie beobachten. Madeira verfügt über Schutzgebiete, damit sich Fischbestände erholen können. Das Naturschutzreservat Garajau finden Sie im Süden. Hier ist die Ansiedlung verschiedener Arten gegeben, wie zum Beispiel der Zackenbarsch.

Diese beiden Gebiete sind dafür bekannt, dass große Meeressäuger durchschwimmen, dazu zählen Blauwale, Pottwale, Finnwale und zahlreiche Delfinarten.

WELCHE TAUCHBASEN GIBT ES IN DEUTSCHLAND?

In allen Bundesländern finden Sie Tauchbasen: Wenn Sie im Winter und an schlechten Tagen nicht auf das Tauchen verzichten möchten, dann gibt es die Möglichkeit, in ein Indoor Tauchzentrum zu gehen. Hier ist eine Auflistung dieser Zentren:

1. Das Diver`s Indoor Tauchsportzentrum liegt in Aufkirchen bei München und verfügt über acht Becken mit circa zwei Millionen Liter Wasser. Das Schöne ist, dass alle Becken in

unterschiedlichen Höhen miteinander verbunden sind, an der tiefsten Stelle sind sie fünf Meter. Durch die großen Sichtfenster in drei Becken können die Nicht-Taucher von der Sportsbar aus zusehen.

2. Das Monte Mare Indoor Tauchsportzentrum bietet mit seinen 2.000.000 Litern Wasser auf 200 qm Wasserfläche und auf 10 Meter Tiefe ein außergewöhnliches Taucherlebnis. Tauchen Sie durch das einzigartige Höhlen- und Grottenlabyrinth, bewundern Sie das versunkene Bootswrack und betauchen Sie das senkrechte Röhrensystem mit Unterwasservulkanen bei einer angenehmen Wassertemperatur von 28 °C und einer klaren Sicht. Ebenso verfügt das Tauchsportzentrum über drei Trainingsebenen zwischen 1,2 bis 6 Metern.

Ein großes Freizeit- und Familienbad ist gleich nebenan und bietet Saunagänge und Wellnessmöglichkeiten an.

3. Das Drive4Life-Zentrum liegt in Siegburg bei Köln und ist mit seinen über drei Millionen Litern Wasser noch größer als das Monte Mare. Es ist mit seinen 20 Meter tiefen Becken der tiefste

Indoor-Pool in Deutschland. Erleben Sie die versunkene Stadt, in der Sie zwischen Ruinen auf unterschiedlichen Tiefen tauchen können. Egal ob Sie Anfänger oder Profi sind, das Becken bietet optimale Bedingungen für jeden.

4. Das TauchRevierGasometer in Duisburg ist mit seinen 21 Millionen Litern Süßwasser in einem 45 Meter breiten und 13 Meter tiefen Becken das größte Indoor Tauchcentrum in Europa. Dieses Tauchcentrum ist eines der wenigen, das mitteleuropäische Wassertemperaturen simuliert. Im Winter beträgt diese circa 7 °C und in den Sommermonaten bis zu 26 °C. Aus diesem Grund ist das TauchRevierGasometer als Pool und als Gewässer anerkannt.

5. Im Tauchturm im Tauchsportcenter Esslingen beträgt das Fassungsvermögen circa 115.000 Liter Wasser. Es gibt einen Flachwasser-Bereich, in dem man gut stehen kann. Der Tauchturm ist sechs Meter tief und die Grundfläche beträgt fünf auf fünf Meter. Das Wasser hat angenehme 25 °C.

6. Der Tauchturm im Vogtland in Sachsen bietet auf 11 Meter Tiefe, bei einem Durchmesser von 8 Metern und einem Wasserinhalt von 550 m^3, eine kleine Möglichkeit des Tauchens. Die Wassertemperatur beträgt 32 °C.

Zudem bieten viele Schwimmbäder verschiedene Möglichkeiten an, um mit dem Tauchen zu beginnen, ein Beispiel im Center Park.

WELCHE GEFAHREN VERBERGEN SICH IM MEER?

Als Erstes sollten Sie wissen, dass die größten Gefahren beim Baden am Meer stark reduziert werden können, wenn Sie einige Kriterien beachten.

- baden Sie nur an bewachten Stränden
- das ausgehängte Badeverbot beachten
- gehen Sie nicht alkoholisiert oder unter Drogeneinfluss baden
- lassen Sie Kinder niemals unbeaufsichtigt
- schwimmen Sie nicht gegen Strömungen an
- baden Sie nicht alleine
- überschätzen Sie Ihre eigenen Fähigkeiten nicht

Die natürlichen Gefahren am Meer sind:

Die Windverhältnisse

Lokale Windphänomene sind das Auftreten von Land- und Seewind. Durch das regelmäßig auftretende Windsystem am Strand kann es gefährlich werden, wenn Luftmatratzen oder ähnliche aufblasbare Gegenstände abgetrieben werden oder die brechenden Wellen auf den Strand verstärkt werden.

Gewitter

Besonders gefährlich sind die im Rahmen eines Gewitters auftretenden Blitze. Es entstehen für Menschen zwei mögliche Formen der Gefährdung: Direkt von einem Blitz getroffen werden oder indirekt von ihm erfasst zu werden, wenn er in der Nähe einer anderen Person einschlägt.

Die Gezeiten

Regelmäßig im Tagesverlauf wiederkehrende ab- und auflaufende Wasserströmungen am Meer nennt man Gezeiten. Sie setzen sich aus Ebbe und Flut zusammen. Die große Gefahr bei Ebbe besteht darin, mit dem Ebbstrom auf das offene Meer hinausgezogen zu werden. Bei der Flut könnten Sie, zum Beispiel bei einer Wattwanderung, von ihr oder schlechter Sicht überrascht werden.

Strömungen

Es gibt verschiedene gefährliche Strömungsarten. Die Rippströmungen treten vor allem an Sandstränden mit vorgelagerten Sandbänken, an Küsten mit ins Meer hineinragenden Landzungen und an künstlichen Wasserbauwerken auf. Es kann zu einer sehr starken Strömung kommen, die bis zu mehreren 100 Metern hinaus auf das Meer führen kann. Küstenströmungen laufen weitgehend parallel zur Küstenlinie, sie haben für Schwimmer ein Abtreiben entlang der Küstenlinie zur Folge.

Beim Brandungssog werden die auf den nahen Küstenbereich auflaufenden Wellen durch den Meeresboden abgebremst und brechen sich in der Brandungszone. Dadurch kann eine Unterströmung entstehen und die Gefahr besteht, dass Ihnen die Beine weggezogen werden.

Wellen und Brandung

Durch die geringe Wassertiefe in Strandnähe werden die Wellen in ihrer ungehinderten Bewegung gestört. Dadurch, dass die Wasserbewegung auf den Meeresgrund trifft, wird der untere Teil der Wellen abgebremst. Es kommt zu einem Aufstauen der Wassermassen und zu einem Überschlag der Wellen. Dass die Welle sich nun bricht, wird als Brandung bezeichnet. Die Gefahr besteht, dass Nichtschwimmer durch die hereinbrechenden Wellen und den Sog des vom Strand zurück ins Meer fließenden Wassers ihr Gleichgewicht verlieren und hinfallen.

Strömungen sind die Nummer eins für den Tod durch Ertrinken im Meer. Respektieren Sie diese unsichtbare Gefahrenquelle und halten Sie sich immer an die richtigen Verhaltensregeln, dann steht einem schönen Badeurlaub nichts mehr im Weg.

Herstellung und Verlag:
BoD – Books on Demand, Norderstedt
ISBN: 9783752626865

© Tobias Wellnitz 2020
1. Auflage
Kontakt: Psiana eCom UG/ Berumer Str. 44/ 26844 Jemgum
Covergestaltung: Fenna Larsson
Coverfoto: depositphotos.com